AF451591

NOTICE

SUR LES

TRAVAUX SCIENTIFIQUES

DE

M. JULIEN VESQUE

CANDIDAT A LA CHAIRE DE BOTANIQUE DE LA FACULTÉ

DES SCIENCES DE PARIS

PARIS

SOCIÉTÉ ANONYME DES IMPRIMERIES RÉUNIES

2, RUE MIGNON, 2

1886

GRADES, TITRES ET FONCTIONS

1873. Licencié ès sciences naturelles ;

1874. Lauréat de l'Institut (prix Bordin) ;

1874. Préparateur de culture au Muséum ;

1876. Docteur ès sciences naturelles ;

1876. Chef des travaux de physiologie végétale et chargé des conférences de botanique descriptive à l'Institut national agronomique ;

1880. Aide-naturaliste au Muséum ;

1880 et 1881. Suppléant de M. Decaisne pour une partie du cours qu'il professait au Muséum ;

1884. Présenté en seconde ligne pour la chaire de culture du Muséum par l'Assemblée des professeurs et par l'Académie des sciences ;

1884. Maître de conférences de botanique à la Faculté des sciences de Paris.

NOTICE

SUR

LES TRAVAUX SCIENTIFIQUES

DE

M. JULIEN VESQUE

Les travaux dont nous allons rendre compte aussi brièvement que possible, convergent tous, sauf quelques rares exceptions, vers une idée très simple en elle-même, mais qui devient fort complexe dans l'application :

Introduire l'anatomie dans la classification naturelle.

Sans perdre de vue ce but unique, l'auteur a été conduit tout naturellement à faire des recherches en apparence très variées, d'anatomie générale, d'anatomie systématique, de physiologie et de culture.

L'anatomie générale devait le renseigner sur la structure d'un même organe chez un grand nombre de plantes, lui montrer, d'un côté, ce qui est constant, ce qui caractérise l'organe ; d'un autre côté, ce qui est variable ou accessoire.

La physiologie devait rendre compte de la connexité entre la structure des organes et leur mode de fonctionnement, de la raison d'être des variations observées chez des espèces différentes, enfin des relations entre ces variations et les milieux dans lesquels les espèces végètent.

Mais s'il y a des variations de structure d'espèce à espèce, n'y en aurait-il pas dans la même espèce, dans le même individu, suivant la nature du sol, l'état de l'atmosphère, l'intensité de l'éclairage? Seuls les essais de culture pouvaient nous renseigner sur la fixité relative de chacun des caractères.

L'anatomie systématique, suivant une marche inverse de l'anatomie générale, inscrit en tête de ses chapitres les noms des plantes, qu'elle fait suivre d'une description complète mais brève. Une description semblable tient bien plus qu'elle ne promet; non seulement elle fournit le moyen de distinguer une espèce d'une autre, mais elle permet en quelque sorte, ainsi qu'on le verra plus loin, de reconstituer l'histoire du genre et de l'epèce; elle laisse, dès à présent, entrevoir le moyen de débrouiller l'enchaînement des formes, de peser la dignité taxinomique si variable de ce qu'on appelle espèce, de coordonner ou de subordonner méthodiquement ce qui doit être coordonné ou subordonné. Bien plus encore, elle nous apprend dans quelles conditions la plante a vécu et, par conséquent, de quelle manière il faudrait la cultiver si on avait quelque intérêt de le faire.

Voilà de quoi remplir bien des vies laborieuses. M. Radlkofer, au début de cette période nouvelle de la botanique, à l'avènement de laquelle l'auteur ne croit pas avoir été étranger, dit, avec raison, que « le siècle à venir suffira à peine à la création de cette nouvelle science ».

Personne ne reprochera donc à l'auteur de ne pas avoir tout étudié dans les plantes qu'il décrit. Personne ne lui reprochera non plus d'avoir exploité par-ci par-là des filons secondaires et de s'être trouvé mêlé d'une manière si active dans les discussions non encore closes sur le mécanisme de l'ascension de la sève. Si quelque chose devait l'excuser sous ce rapport, c'est l'importance absolument prédominante de l'eau dans l'économie du végétal, importance telle que la plupart des caractères spécifiques sont en relation avec l'abondance de l'eau dans le sol et avec l'énergie de la transpiration.

Nous allons énumérer méthodiquement les mémoires les plus importants, en ajoutant quelques mots d'explication s'il y a lieu. Tout ne figure pas sur cette liste : à quoi bon citer toutes les petites remarques, notes, articles critiques qui ne feraient que l'allonger ?

A. — **ANATOMIE GÉNÉRALE**

1. *Les cristaux d'oxalate de chaux contenus dans les plantes et leur reproduction artificielle (Ann. des sc. nat., 5ᵉ série, t. XX).*

Les cristaux d'oxalate de chaux contenus dans divers tissus des plantes revêtent des formes extrèmement variées et appartiennent même à plusieurs systèmes cristallographiques selon la quantité de l'eau de cristallisation. D'un autre côté on remarque une constance assez grande dans un même groupe de végétaux ; telle famille est absolument caractérisée par des raphides; d'un autre côté la même plante peut offrir deux ou plusieurs formes de cristaux, dont chacune appartient en propre à un tissu déterminé. C'est ce dernier point que l'auteur a cherché à élucider.

Il est parvenu à faire cristalliser l'oxalate en faisant passer très lentement, à l'aide d'une bandelette de papier à filtre, une solution d'un sel de chaux dans une solution très étendue d'oxalate d'ammoniaque. Si, à cette liqueur, on ajoute diverses matières, telles que de la glucose, du sucre de canne, des acides organiques, de l'albumine, etc., on obtient des formes dont plusieurs sont identiques avec les cristaux des plantes et dont une, la forme dite en sablier, se rencontre parfois dans l'urine. La glucose a déterminé la cristallisation en aiguilles, les acides végétaux ont produit des cristaux simples ou maclés dérivés du prisme oblique; l'albumine a donné des cristaux droits à base carrée, etc. Il est donc démontré que le milieu chimique dans lequel s'opère la cristallisation influe sur la forme cristalline, et il n'est pas douteux que cette cause ne puisse intervenir dans différents tissus de la même plante.

2. *Note préliminaire sur le rôle de la gaîne protectrice (Comptes rendus, LXXXIII, p. 498).*

La gaîne protectrice, aujourd'hui appelée endoderme, peut se subérifier en tout ou en partie. L'auteur montre comment cette simple assise de cellules peut jouer un rôle important dans la décortication des plantes herbacées, rôle comparable à celui de la couche séparatrice qui se développe dans le coussinet avant la chute des feuilles. Les matériaux utiles de l'écorce primaire émigrent en effet dans les tissus vivants plus profonds, tandis que les matières insolubles et inutiles restent et tombent éventuellement avec l'écorce. C'est ainsi que peut s'expliquer, du moins en partie, le maximum de cendres qui a été signalé, à une certaine époque de l'année, chez quelques plantes cultivées.

3. *Anatomie comparée de l'écorce.*

Réponse à la question proposée par l'Académie des sciences pour le prix Bordin de 1873. Le prix Bordin a été décerné à l'auteur et l'Académie a décidé que le mémoire serait inséré dans un de ses recueils.

4. *Mémoire sur l'anatomie comparée de l'écorce* (Ann. des sc. nat., 6e série, t. II; mémoire de 117 pages, avec 3 planches).

Les travaux antérieurs à ce mémoire avaient pour objet l'écorce de quelques-uns de nos arbres ou arbustes indigènes. Ils remontent d'ailleurs à une époque où les cellules grillagées, ces éléments si importants du liber, n'étaient pas connues.

L'auteur étudie tous les tissus de l'écorce, depuis l'épiderme jusqu'au liber secondaire, dans plusieurs centaines d'espèces. Il est impossible de donner ici, même un résumé très succinct des détails anatomiques nouveaux ou mal connus qu'il a accumulés et examinés au double point de vue de la physiologie des organes et de la classification naturelle.

Pour la première fois, les nombreux types de l'écorce primaire et du liber sont exposés dans leur ensemble. Le périderme, qui n'avait été étudié jusqu'alors que chez un petit nombre d'espèces et surtout au point de vue de son développement, est l'objet de recherches comparées très étendues.

Mais la partie la plus importante de ce mémoire est relative à ce que l'auteur appelle le liber intérieur, à ces faisceaux pourvus d'un liber en dehors et d'un autre en dedans, auxquels on a donné depuis le nom de « faisceaux bicollatéraux ». Ces faisceaux à liber double sont décrits et qualifiés de caractéristiques pour plusieurs familles. Au liber intérieur se rattache même, chez plusieurs Solanées et Cestrinées, une sorte de cambium qui en augmente l'épaisseur et que l'auteur appelle « faux cambium ».

5. *Note sur l'anatomie du* Goodenia ovata (*Ann. d. sc. nat.*, 6ᵉ série, t. III).

6. *Note sur l'anatomie du* Stilidium adnatum.

Découverte de deux anomalies de structure différente dans les petites familles des Goodéniacées et des Stylidiées.

7. *Sur quelques formations cellulosiennes locales* (*Ann. d. sc. nat.*, 6ᵉ série, t. IX).

Description, chez plusieurs Acanthacées, de curieuses fibres libériennes qui naissent en grand nombre dans une même cellule mère par cloisonnement longitudinal et paraissent devenir libres par suite de la gélification de ce qu'on appelle la matière intercellulaire.

Description du tégument séminal d'une Crucifère du genre *Æthionema*. Mise en contact avec de l'eau, la graine se hérisse de nombreux prolongements mucilagineux semblables aux ambulacres d'un oursin et qui, s'attachant aux particules du sol, facilitent la pénétration de la radicule. La structure et le mode de développement de ces corpuscules gonflables sont étudiés d'une manière approfondie.

8. *De l'organisation mécanique du grain de pollen* (*Comptes rendus*, t. XCVI, p. 1684).

L'auteur examine, au point de vue mécanique, la forme du grain de pollen, la disposition des fentes ou des pores de l'exine, pour montrer jusqu'à quel point ces particularités peuvent être le résultat de l'adaptation à la perte d'eau qui se produit nécessairement dans le grain de pollen et à l'absorption d'une nouvelle quantité d'eau de la part du pollen déposé dans une position quelconque sur le stigmate.

Il montre, en outre, que les ornements, pointes, tubercules, lames, réseaux, qui recouvrent l'exine, obéissent à la loi d'économie, qu'un réseau très simple décrit, par exemple, un dodécaèdre pentagonal sur un grain de pollen sphérique, qu'il devient hexagonal sur les parties sensiblement cylindriques d'un grain allongé.

9. *Sur la concomitance des caractères anatomiques et organographiques* (*Comptes rendus*, t. XCVI, p. 1866).

Un des moyens les plus simples de démontrer l'importance d'un caractère anatomique consiste à faire voir qu'il accompagne toujours les caractères organographiques dont la fixité est reconnue. C'est ce que l'auteur fait pour les formes du pollen dans la famille des Composées. Non seulement les formes concordent chez tous les représentants d'une même grande division de cette famille, mais encore les espèces qui passent pour intermédiaires entre les groupes naturels, possèdent des grains de pollen qui dénotent cette position ambiguë.

10. *Remarques sur le diagramme de quelques Renonculacées à fleurs régulières* (*Archives bot. du nord de la France*, 2ᵉ année).

La fleur des Renonculacées passe pour être acyclique, c'est-à-dire composée de pièces disposées en spirale, suivant les lois de la phyllotaxie.

Néanmoins, les auteurs décrivent ordinairement les sépales et pétales et même parfois les étamines comme étant verticillés. Dans un grand nombre de cas, on s'est laissé tromper par les apparences. La position acyclique de ces pièces est beaucoup plus répandue qu'on ne le croyait.

B. — ANATOMIE SYSTÉMATIQUE

11. *L'anatomie des tissus appliquée à la classification* — Premier mémoire, classe des *Ranales* (*Nouvelles archives du Muséum*, 2ᵉ série, t. IV, 56 pages in-4, avec 2 planches).

12. *L'anatomie des tissus appliquée à la classification.* — Deuxième mémoire, classes des *Pariétales* et des *Polygalinées* (*Ibid.*, t. V, 97 pages in-4, avec 5 planches).

13. *Contributions à l'histologie systématique de la feuille des Caryophyllinées* (*Ann. d. sc. nat.*, 6ᵉ série, t. XV, p. 105-148, avec 2 planches).

14. *L'espèce végétale considérée au point de vue de l'anatomie comparée.* — Mémoire suivi d'une *Monographie anatomique de la*

tribu des Capparées (*Ann. d. sc. nat.*, 6ᵉ série, t. XVIII, 135 pages, avec 2 planches).

15. *Des caractères génériques et de l'épharmonisme dans la tribu des Vismiées* (*Comptes rendus*, t. CI).

16. *Caractères des principales familles gamopétales tirés de l'anatomie de la feuille* (*Ann. d. sc. nat.*, 7ᵉ série, t. I, p. 183-360, avec 7 planches).

17. *Monographie anatomique des Hypéricinées.*

18. *Monographie anatomique des Guttifères.*

Les deux derniers mémoires sont prêts à l'impression depuis plus d'un an, mais ils n'ont pu être publiés jusqu'à présent, faute de place dans les recueils de travaux botaniques.

Les huit mémoires dont les titres précèdent constituent la première tentative ayant un caractère général, qui ait été faite en vue de déterminer anatomiquement la famille, le genre, l'espèce.

L'effet stimulant du premier mémoire, et peut-être surtout celui de l'anatomie des Capparées, qui comprend la description anatomique de la feuille d'environ deux cents espèces (presque toutes les espèces connues), a été tel, que des travaux analogues n'ont pas tardé à surgir de toutes parts, en France aussi bien qu'en Allemagne. Il existe aujourd'hui une véritable école d'anatomie systématique. Cependant, l'auteur est bien loin de s'exagérer l'influence qu'il a pu exercer sur cet important changement. Bien des essais avaient été faits avant lui sur une plus petite échelle, mais ils ont été impuissants à attirer efficacement l'attention des botanistes sur cette branche de la science botanique. La question n'était pas mûre. Il fallait un très grand effort pour l'imposer et l'auteur croit avoir contribué pour une large part à l'accomplissement de ce travail. Plusieurs milliers d'espèces ont été étudiées. Cette longue série de recherches a permis de désigner les caractères propres à la détermination des grands groupes naturels et ceux qui doivent intervenir dans la description des espèces. La feuille seule a été étudiée et cela pour deux raisons : 1. Il est plus facile de se procurer une feuille que n'importe quelle autre partie des plantes, souvent très rares, et dont quelques-unes ne figurent même que dans un seul herbier et en exemplaire unique. 2. La feuille, plus que tout le reste de la plante, est sujette à l'adaptation ; par conséquent, elle montrera aussi bien que possible les caractères adaptationnels, en opposition avec ceux qui, moins sujets à l'adaptation, conviennent pour la description de groupes plus élevés en dignité.

En effet, les organes d'adaptation fournissent ordinairement d'excellents caractères d'espèces, caractères si nets, si rigoureux et si faciles à observer que l'anatomie systématique laissera loin derrière elle la botanique descriptive actuelle, quant à la rapidité et à la précision de la détermination des plantes.

Mais laissons là ce côté pratique de la question pour en examiner plus en détail les côtés philosophiques.

Il est clair qu'un caractère est d'autant plus important au point de vue taxinomique qu'il est moins sujet à se modifier par l'adaptation. L'adaptation masque les affinités à tel point qu'elle produit des cas de mimétisme très curieux. Certaines Trémandrées, certaines Diosmées ressemblent à s'y méprendre à des *Erica*. Si l'adaptation au milieu inerte (atmosphère, éclairage, sol) modifie les tissus de manière à les rendre impropres à caractériser les groupes de quelque importance, il n'en est pas de même de l'adaptation au milieu animé, aux insectes, qui transportent le pollen, aux autres plantes, etc. La raison de cette différence est fort simple, mais il serait trop long de l'exposer ici.

Il était donc important de distinguer nettement ces deux sortes d'adaptation. L'auteur donne le nom d'*épharmonisme* à l'adaptation au milieu inerte, laissant à l'ancien nom sa signification plus large.

Il se peut que les espèces d'un même genre présentent les moyens d'adaptation les plus variés, mais il arrive également, et même plus fréquemment, que les modes d'adaptation ne dépassant pas certaines limites, se répètent avec des variantes de moindre importance chez toutes les espèces d'un groupe naturel, genre, tribu, famille ou même classe. L'ensemble de ces moyens d'adaptation constitue alors ce que l'auteur appelle les « allures épharmoniques du genre, de la famille, etc. » Un genre peut être caractérisé par ses allures épharmoniques ; il s'adapte à la sécheresse, par exemple, par un hypoderme, dont la structure, le degré de développement, varient d'une espèce à l'autre, tandis qu'un genre voisin, au lieu de combattre la sécheresse par un hypoderme, lui oppose des réservoirs vasiformes qui remplissent à peu près les mêmes fonctions, mais qui sont de nature et d'origine absolument différentes.

Un groupe naturel, genre ou sous-genre, renferme toujours un certain nombre d'espèces dont l'adaptation à des conditions biologiques moyennes est peu accentuée. Cet ensemble constitue le groupe nodal. Les espèces du groupe nodal sont toujours très voisines entre elles, et, pour peu qu'elles soient un peu nombreuses, elles passent les unes aux autres. Apparemment, les espèces du groupe nodal n'ont pas la même valeur que celles qui n'en font pas partie. Celles-ci se rattachent au groupe nodal par des liens qu'il est ordinairement très facile de saisir. Il résulte de tout ceci qu'on peut établir un tableau qui exprime fort nettement les affinités réelles entre les différentes espèces d'un même groupe.

Il ne faudrait pas croire, d'après ce qui vient d'être dit, que l'auteur méprise les caractères organographiques. Il accepte au contraire, provisoirement, la famille, le genre et même l'espèce, et par cela même il reconnaît la valeur des caractères organographiques qui ont servi à fonder ces groupes naturels. Il se défend rigoureusement de renverser quoi que ce soit, estimant que tous les matériaux doivent être préparés avant qu'on songe à mettre un autre édifice à la place de l'ancien.

Jetons enfin un coup d'œil sur les mémoires d'anatomie systématique. Dans les nᵒˢ 11, 12, 13 et 16, l'auteur se propose surtout de rechercher les caractères des familles (au nombre de 51), mais un grand nombre d'espèces et de genres ont été étudiés, souvent jusqu'au cinquième des espèces connues, de sorte qu'il a été possible d'établir même un très grand nombre de diagnoses spécifiques. A mesure qu'il avançait dans son travail, le cadre s'est élargi au point de comprendre, dans les nᵒˢ 14, 15, 17 et 18, toutes les espèces dont il a pu se procurer des échantillons. Chacun des chapitres est suivi d'une clef analytique qui permet de déterminer rapidement les espèces.

Nous ne pouvons nous arrêter ici sur les très nombreuses particularités anatomiques, d'un intérêt plus général, que ces travaux ont amenées au jour. Dans un certain nombre de cas, l'auteur s'est borné à les signaler, laissant à d'autres le soin de les examiner de plus près. On trouvera, à la fin des chapitres, un petit article intitulé : *Faits nouveaux intéressants au point de vue de l'anatomie générale et recommandés en partie à de nouvelles recherches.* S'il avait fallu s'arrêter davantage à chaque détail, une vie d'homme n'aurait pas suffi à l'étude d'une seule famille.

Il y a cependant un certain nombre de petits organes qui méritaient mieux parce qu'ils sont en relation directe avec la réserve transpiratoire dont il sera question plus loin : ce sont, entre autres, les réservoirs vasiformes, décrits ici pour la première fois (*Anatomie des Capparées*) et qui ont servi, depuis lors, de thème à plusieurs auteurs allemands (MM. Scheit, Heinricher, Volkens, Kny). Tous admettent les fonctions que l'auteur avait assignées à ces petits organes.

C. — PHYSIOLOGIE VÉGÉTALE

La partie la plus importante de la physiologie, au point de vue de l'anatomie systématique, est sans contredit celle qui traite du mouvement de l'eau dans la plante. En effet, non seulement c'est le mouvement de l'eau qui agit, plus que tous les autres facteurs, sur la structure de la plante et peut amener des phénomènes d'adaptation, mais encore l'eau est de tous les aliments celui qui détermine le plus souvent la fertilité ou la stérilité d'une contrée, suivant qu'elle abonde ou qu'elle fait défaut.

Il est donc tout naturel que l'auteur ait porté tous ses efforts sur cet important problème.

Lorsqu'il entreprit les premières expériences sur ce sujet, on adoptait à peu près partout la théorie de M. Sachs, d'après laquelle l'eau monte par imbibition dans l'épaisseur même des parois des différents éléments anatomiques du bois. Il eut l'idée d'étudier, non la transpiration, ni l'absorption de l'eau par les racines, mais la relation entre ces deux fonctions. Si la théorie de M. Sachs est rigoureusement exacte, il faut que la quantité d'eau absorbée égale la quantité perdue par transpiration.

Or l'expérience, variée de toutes les manières imaginables, en a décidé autrement. Les résultats de ces recherches sont consignés dans un mémoire.

19. *L'absorption de l'eau par les racines dans ses rapports avec*

la transpiration (*Ann. des sc. nat.*, 6ᵉ série, t. IV, p. 1-48, avec une planche).

Pour bien les faire comprendre, nous allons avoir recours à une figure de géométrie qui représente les phénomènes d'une manière assez exacte, à la condition qu'on ne sorte pas des limites de la végétation normale.

Représentons la transpiration régulièrement accrue par une ligne droite oblique sur l'axe des x, la courbe qui représente l'absorption de l'eau par les racines coupe cette droite en un point qui est en même temps un point d'inflexion de la courbe. A gauche la courbe est convexe vers l'axe des x et elle tend vers une asymptote parallèle à cet axe ; à droite, la courbe continue à s'élever ; elle est concave vers l'axe des x et tend vers une autre asymptote également parallèle à cet axe.

Cette courbe exprime les faits suivants, qui ont été vérifiés bien des fois par différents observateurs :

1° Lorsque la transpiration est très faible, elle est dépassée par l'absorption ; lorsqu'elle est très forte, l'absorption ne parvient pas à équilibrer les pertes. 2° Les segments d'ordonnées compris entre la droite et la courbe représentent la « réserve transpiratoire » acquise à gauche du point d'inflexion, dépensée à droite. Ceci, nous le répétons, ne s'applique qu'à la plante prise dans des conditions normales.

C'est ici pour la première fois qu'il est sérieusement question d'une « réserve transpiratoire », réserve qui joue un rôle très considérable dans l'adaptation des plantes aux climats secs et dont l'auteur a décrit le premier tous les réservoirs, à cela près que M. Pfitzer avait antérieurement soupçonné les fonctions de l'hypoderme ; mais cette remarque du savant allemand était tombée dans un oubli à peu près complet.

Lorsqu'on chauffe brusquement la partie aérienne d'une plante, l'absorption de l'eau par les racines diminue ; lorsqu'on la refroidit brusquement, elle augmente, résultat qui ne peut s'expliquer que par la dilatation ou la contraction de l'air contenu dans les divers éléments du bois.

Telles sont les principales conclusions de ce travail qui eut pour conséquence inévitable la ruine de la théorie de l'imbibition de M. Sachs. Quelques rares défenseurs ont été obligés de céder devant leurs adversaires de jour en jour plus nombreux. Il était démontré par des expériences indirectes, il est vrai, que l'eau se meut non dans l'épaisseur des parois, mais de cavité cellulaire en cavité cellulaire.

L'expérience directe ne se fit pas attendre. Dans un mémoire qui a été reproduit dans les *Annales des sciences naturelles*, M. Elfving montre qu'un morceau de bois frais injecté de beurre de cacao est imperméable à l'eau, mais on lui reproche d'avoir voulu injecter de l'eau dans des parois ligneuses saturées.

L'auteur répondit à cette objection dans un mémoire publié dans les *Annales des sciences naturelles* et précédé d'une note.

20. *Du rôle des vaisseaux ligneux dans le mouvement de la sève ascendante (Comptes rendus*, t. XCVII, p. 871).

Des rameaux coupés sont plongés par la base pendant quelques instants dans le beurre de cacao fondu à 28 degrés, qu'on laisse se figer dans les vaisseaux injectés sur une faible longueur. Ces rameaux se sont tous fanés irrévocablement, quoiqu'on eût rafraîchi la section à l'aide d'un couteau.

Il est inutile de nous arrêter ici sur toutes les recherches nécessitées par la discussion et qui ont trouvé place soit dans les *Comptes rendus*, soit dans les *Annales agronomiques* ou les *Annales des sciences naturelles*.

21. *Remarques critiques sur les travaux récents concernant le mouvement de l'eau dans les bois (Ann. agron.*, t. VIII, p. 21-30).

22. *De l'influence de la pression extérieure sur l'absorption de l'eau par les racines (Comptes rendus*, t. XCVII, p. 718).

23. *Recherches sur le mouvement de la sève ascendante (Ann. des sc. nat.*, 6ᵉ série, t. XIX, p. 159-199).

24. *Observation directe du mouvement de l'eau dans les vaisseaux (Ann. des sc. nat.*, 6ᵉ série, t. XII. — *Comptes rendus*, t. XCV).

25. *Sur l'interprétation d'une expérience de Hales concernant le rôle des vaisseaux (Comptes rendus*, t. XCVI, p. 1085).

26. *Expériences sur la grande période et les oscillations de la*

transpiration durant la vie végétative (*Ann. agronom.*, t. X, p. 113).

27. *Sur le rôle des tissus morts dans l'ascension de la sève* (*Ann. agronom.*, t. XI, p. 214).

Tout le monde admet aujourd'hui que l'eau se meut dans les cavités cellulaires du bois et non dans l'épaisseur des parois; mais quant à savoir de quelle manière et à l'aide de quelles forces elle est soulevée à des hauteurs considérables, c'est une question à laquelle on n'a pas encore pu répondre d'une manière satisfaisante.

Si l'on ne fait intervenir que la pression atmosphérique, il est malaisé de comprendre l'ascension à plus de dix mètres de hauteur. C'est pour cela que M. Westermaier, d'autre part M. Godlewski ont eu recours à la force osmotique périodiquement variable ou continue, mais inégale sur les faces opposées d'une même cellule. M. Janse tue par l'eau chaude la base d'un rameau et il trouve que ce rameau se fane; de là il conclut que les cellules vivantes sont nécessaires et que l'ascension de l'eau dans les corps ligneux n'est pas un phénomène purement physique.

Un mémoire,

28. *Sur le prétendu rôle des tissus vivants dans l'ascension de la sève* (*Ann. agronom.*, t. XI, p. 481-422), répond à ce travail de M. Janse; l'auteur fait voir qu'un rameau traité de cette manière peut bien se faner, mais seulement au bout d'un temps fort long, parfois au bout d'un mois, et cela uniquement parce que les parties saines situées dans le voisinage de la partie morte sécrètent une gomme cicatricielle qui ne tarde pas à boucher les vaisseaux et les trachéides.

Il nous reste à mentionner quelques autres mémoires qui se rattachent moins directement à la théorie du mouvement de l'eau.

29. *Recherches anatomiques et physiologiques sur la structure du bois* (*Ann. des sc. nat.*, 6ᵉ série, t. III, p. 358-371). — Les vaisseaux du bois peuvent conduire directement de l'eau sur une certaine longueur qui ne se trouve pas occupée momentanément par un chapelet de Jamin. L'auteur eut l'idée de rechercher le rapport entre la quantité d'eau contenue dans les vaisseaux et celle qu'ils peuvent laisser couler dans l'unité de temps, et il trouva que cette « réserve vasculaire » était proportionnelle au nombre de vaisseaux qu'il faut réunir pour que la somme de leurs sections soit égale à un millimètre carré, proportionnelle à la longueur de la plante et inversement proportionnelle à la force qui pousse l'eau.

Il en résulte qu'une plante xérophile doit avoir des vaisseaux plus fins, toutes choses étant égales d'ailleurs, qu'une plante adaptée au climat humide, que les plantes grimpantes peuvent en quelque sorte se permettre le luxe de très gros vaisseaux, parce que la longueur de ceux-ci agit dans le même sens que la finesse des vaisseaux, etc. Un tableau qui réunit de nombreuses données numériques prouve qu'il en est réellement ainsi.

30. *L'absorption de l'eau, comparée directement à la transpiration* (*Ann. des sc. nat.*, 6ᵉ série, t. VII, p. 201-222).

Ce travail est destiné à prouver d'une manière très simple l'inégalité entre les quantités d'eau transpirée et d'eau absorbée. L'auteur y décrit également un enregistreur qui peut fonctionner à volonté pour l'absorption ou pour la transpiration, et qu'on a pu voir à l'Exposition universelle de 1878, où le constructeur l'avait exposé.

31. *De l'influence de la température du sol sur l'absorption de l'eau par les racines* (*Ann. des sc. nat.*, 6ᵉ série, t. VI, p. 169-281).

Indépendamment des accidents signalés plus haut, et qui se produisent pendant les brusques changements de la température, la température du sol influe notablement sur l'absorption de l'eau, probablement en agissant sur l'endosmose.

32. *De l'influence des matières salines sur l'absorption de l'eau par les racines* (*Ann. des sc. nat.*, 6ᵉ série, t. IX, p. 5-31).

L'auteur fait voir que ceux qui se sont occupés avant lui de cette question, ont laissé échapper une propriété particulière des végétaux, ce qui les a conduits à des résultats contradictoires. Lorsque la plante a été soumise pendant quelque temps au régime de l'eau pure, elle absorbe avec la plus grande activité les solutions salines et réciproquement le séjour prolongé dans une solution nourricière plus ou moins concentrée leur donne la faculté d'absorber très rapidement l'eau distillée.

33. *Recherches microphysiologiques sur les réservoirs d'eau* (*Ann. agronom.*, t. XII, fasc. 10 et 11).

L'épiderme considéré comme réservoir d'eau (*Comptes rendus*, t. CIII).

L'épiderme le plus faible relativement à la masse de tissu sous-jacent joue encore le rôle de réservoir d'eau. Il peut être considéré comme un réservoir élastique intercalé entre le lieu d'arrivée et le lieu de dépense de l'eau, et empêche la pression intracellulaire de trop diminuer à la suite des obstacles qui peuvent entraver l'afflux du liquide. Or on sait que la haute pression est nécessaire à l'accomplissement normal de l'assimilation et de la migration des hydrates de carbone.

D. — **TRAVAUX DE CULTURE**

34. *De l'influence du milieu sur la structure des végétaux* (avec la collaboration de M. Viet) *Ann. de l'Inst. national agron.*, 3ᵉ année, 13 pages).

35. *Des causes et des limites de la variation de structure des végétaux* (*Ann. agr.*, t. IX, p. 481-510, t. X, p. 14-52).

Ces deux mémoires ont eu pour objet de voir jusqu'où pouvait aller l'influence du milieu et démontrer combien l'intensité de la transpiration est importante au point de vue des modifications que la plante peut subir.

Il serait difficile d'en donner une idée sans de longs développements.

Le second mémoire se termine par un chapitre qui est un véritable guide à mettre entre les mains des jardiniers. A l'aide d'une seule feuille il est possible de voir comment la plante doit être cultivée. Le milieu factice à créer est indiqué avec la plus grande netteté dans la structure de la feuille. La fréquence des arrosages,

la quantité d'eau à répandre, la grandeur du pot, l'intensité de l'éclairage peuvent en être déduits avec la plus grande facilité.

Ce travail a été confirmé en Angleterre par M. Maxwell-Masters sur un assez grand nombre d'Orchidées, et le résultat de cette vérification a été publié dans le *Gardener's chronicle*. Il a eu récemment l'honneur d'une traduction en allemand, par M. C. Muller (*Deutsche Garten-Zeitung*, I, p. 390).

E. — **TRAVAUX DIVERS**

Nous réunissons sous cette rubrique les quelques mémoires ou notes qui n'entrent pas dans la tâche que l'auteur s'était imposée au début de sa carrière, et qui n'ont été entrepris que grâce à des influences étrangères.

36. *Développement du sac embryonnaire des Phanérogames angiospermes* (*Ann. des sc. nat.*, 6ᵉ série, t. VI, p. 237-285, avec 6 planches).

37. *Nouvelles recherches sur le développement du sac embryonnaire* (*Ibid.*, t. VIII, p. 261-290, avec 10 planches).

Les recherches consignées dans ces deux mémoires ont été commencées en 1875, alors que nos connaissances sur le sac embryonnaire ne dépassaient pas ce que Hofmeister avait enseigné. En 1878 éclata une discussion entre M. Strasburger et M. Warming. L'auteur crut devoir se ranger du côté de ce dernier, parce qu'il avait vu comme lui une cellule privilégiée du nucelle se diviser successivement, puis les deux cellules supérieures au moins représentées par deux noyaux, fournir par division de ces noyaux huit noyaux libres, c'est-à-dire deux tétrades de macrospores. M. Strasburger, au contraire, avait vu la cellule inférieure diviser son noyau en deux autres, dont chacun donne naissance à quatre noyaux libres. Ce dernier cas est aujourd'hui reconnu comme le plus fréquent. Tandis que le premier, étendu par analogie aux autres plantes, aurait conduit à considérer le sac embryonnaire comme l'ensemble des cellules mères de spores, le second fait apparaître le sac embryonnaire comme la macrospore elle-même. Le premier cas n'en est pas moins réel ; les cellules situées au-dessous du sac embryonnaire ont reçu le nom de « cellules anticlines » et ont été observées bien des fois depuis.

Ces mémoires renferment de nombreux détails de structure de l'ovule et signalent pour la première fois le parasitisme du sac embryonnaire sur les tissus du nucelle.

38. *Recherches sur la respiration des racines*, avec la collaboration de M. Dehérain (*Ann. agron.*, t. II, p. 1-16).

39. *Espèces nouvelles du genre* Dipterocarpus (*Comptes rendus*, LXXVIII, p. 625). Description de douze espèces nouvelles.

F. — OUVRAGES GÉNÉRAUX

40. *Les maladies des plantes cultivées* (avec la collaboration de M. d'Arbois de Jubainville), 328 pages in-16. Paris, Rothschild.

41. *Traité de botanique agricole et industrielle*, 976 pages in-8. Paris, Baillière et fils.

Ce traité renferme un grand nombre d'observations originales, entre autres une théorie de la phyllotaxie.

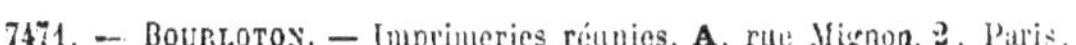

7471. — BOURLOTON. — Imprimeries réunies, **A**, rue Mignon, 2, Paris.

BOURLOTON. — Imprimeries réunies, **A**, rue Mignon, 2, Paris.

* 9 7 8 2 3 2 9 4 6 0 0 3 1 *